KB235626

'시인을 꿈꾸다'의
눈이 부셔도
당신을
바라봅니다

'시인을 꿈꾸다'의
눈이 부셔도 당신을 바라봅니다

엮은이 하정완
펴낸이 이충석
꾸민이 성상건

펴낸날 2012년 5월 11일
펴낸곳 도서출판 나눔사
주소 (우) 122-080 서울특별시 은평구 은평터널로7가길
　　　20. 303(신사동 삼익빌라)
전화 02)359-3429　　**팩스** 02)355-3429
등록번호 2-489호(1988년 2월 16일)
이메일 nanumsa@hanmail.net

ⓒ 하정완, 2012

ISBN 978-89-7027-082-1-03230

값 7,000원
잘못된 책은 바꾸어 드립니다.

'시인을 꿈꾸다'의

눈이 부셔도 당신을 바라봅니다

하정완 엮음

나눔사

시인을 꿈꾸다

세상을 바꾸는 꿈을 꾸기 시작한 날부터 그 방법을 찾아다녔습니다. 사람들은 힘으로, 물질로, 지식으로 바꿀 수 있다고 생각합니다. 일견 옳은 생각입니다.

그러다 예수를 보았습니다. 그 분이 세상을 바꾸는 방법은 다른 것이었습니다. 사람들이 말하는 것이 아니었습니다. 그 분은 이렇게 나에게 말을 건넸습니다.

"들의 꽃을 보라
너희들이 이 꽃보다 소중하지 아니하나
너희들이 꽃이다
너희들이 시다"(하정완 의역/마태복음6:28-30)

그 날부터 생각을 바꿨습니다. 모든 사람들은 시인이라는 말을 믿었습니다. 사람 안에 있는 시를 끄집어 내야 하겠다고 생각했습니다. 처음 시작한 그 꿈의 실현이 슬로우 크리스천 1기

‘시인을 꿈꾸다’ 반입니다.

제가 한 일은 없습니다. 이들 안에 있는 시를 끄집어내는 것
을 도왔을 뿐입니다. 자신 안에 시가 있다는 것을 말했을 뿐입
니다. 몇 달이 지난 어느 날 부터인가 이들이 이렇게 말하기 시
작했습니다.

‘예, 제가 시인입니다.’

이들이 시를 쓰기 시작한 것입니다. 이들이 시를 쓰면서 만
난 경험들을 살짝 적어봅니다. ‘당신에게 시란 무엇이죠’ 라고
물었을 때 이들이 한 대답들입니다.

“삶” 이다. 아주 어렸을 때의 삶부터 지금의 삶, 그리고 앞으로의 삶
이 시에 드러난다. –김정윤

"긍정적인 두려움"이다. 시를 쓰면서 발견하는 나의 부정적인 면을 놓으면 스스로 무너질 것 같아 두렵지만 시로 인해 새로워지고 회복되어지고 하나님께 더 가까이 갈 수 있게 된다. -하준수

"참을 수 없는 내 모습"이다. 참을 수 있을 때는 시가 나오지 않다가 견딜 수 없을 때 시가 흘러 나온다. -전덕진

"현재의 나"이다. 사람이 자기 자신을 알기가 어려운데 시를 써 놓고 보면 내가 현재 어떻게 살아가고 있는지를 알 수 있게 된다. -남승호

"용천수"이다. 쓰면 쓸수록 계속 새롭게 시가 써지는데 안 쓰면 나오지 않고 썩어 버린다. -박효진

"마음의 진화"이다. 시를 쓰기 전에 마음은 신체의 기관일 뿐이었지만 시를 쓰고 난 후 마음에 눈과 귀가 생겼다. -윤한솔

"치유"이다. 시를 쓰면서 다른 사람의 시를 보면서 마음의 치유를 얻었다. -부진철

"길"이다. 시가 없었을 때 보이지 않던 길이 시가 있으므로 해서 열렸다. 나에게로 갈 수 있는 길, 다른 사람에게 갈 수 있는 길, 신에게

갈 수 있는 길. -김영찬

"거울" 이다. 제대로 살고 있어야 제대로 된 시가 나오기 때문에 그 앞에 서서 점검한다. -박혁진

"표정" 이다. 사랑하는 감정, 기쁜 감정, 슬픈 감정을 표정에 숨길 수 없듯이 시에 다 드러난다. -김경희

"거울" 이다. 시를 통해 나를 비추어 볼 수 있고, 다른 사람들의 시를 보면서 말을 하지 않아도 어떠한 감정을 가지고 있는지 어떠한 사람인지 알아갈 수 있었다. -윤하늬

"마음의 사진" 이다. 눈으로 보지 못하는 것을 사진으로 찍으면 보이듯 내 마음이 어떤지 모르다가 쓴 시를 보면 알 수 있을 때가 있다. -차은혜

"터널 끝의 빛" 이다. 터널 속에 갇혀서 무엇을 하고 있는지 몰랐을 그때, 시라는 존재가 빛으로 내 삶에 왔다. 더러움을 보게 되었고, 잘못된 것을 바로 잡을 수 있게 해주었다. -윤태윤

"친교" 이다. 생각없이 지나쳤던 것들이 의미를 가지게 되고, 많은

것들을 새롭게 배우는 깊은 길을 걸어 가는 것. ―김종순

"살리는 것" 이다. 살아있는 것은 더 생동감 있게 움직이게 만들고 죽어있는 것은 살아 움직이게 만든다. ―전호현

"바람" 이다. 잡으려고 하면 놓치고 따라 가려고 하면 잃어버리지만 눈을 감고 가만히 있으면 나를 휘감는 차가움과 따뜻함을 느낄 수 있다. ―윤수희

"세포" 이다. 쓰다가 분열할 것 같다. 쓰다가 성장한다. ―마재영

"열림" 이다. 아주 짧은 순간 열린 닫혀 있던 마음을 시로 붙잡아 두면 나중에 다시 볼 수 있고 다른 사람도 볼 수 있게 된다. ―정유진

이제 꿈을 꿉니다. 물론 세상을 바꾸는 꿈입니다. 눈물에 젖은 빵을 먹으면서도 행복할 수 있는 사람, 아름다운 시인을 일으키는 꿈 말입니다. 이들을 보면서 갖게 된 확신입니다.

온 세상 모든 사람들이 시인이 되는 꿈을 꿉니다.

주님이 꾸셨던 꿈 말입니다.

온통 감사할 뿐입니다. 함께 세상을 바꾸는 꿈을 꾸는 슬로우 크리스천 1기 '시인을 꿈꾸다' 친구들에게 감사를 보냅니다. 그리고 이 놀라운 계획에 흔쾌하게 동의해주신 나눔사 성상건 사장님께 감사드립니다. 그리고 기도로 도와주신 꿈이있는교회와 하나님께 감사드립니다.

세상을 바꾸는 꿈을 꾸는
하정완 목사

세상을 바꾸는 꿈

제3부 거리를 걷다

제4부 바람을 따라

제5부 하늘을 보다

1

우리 안에 시(詩)가 있기 때문에

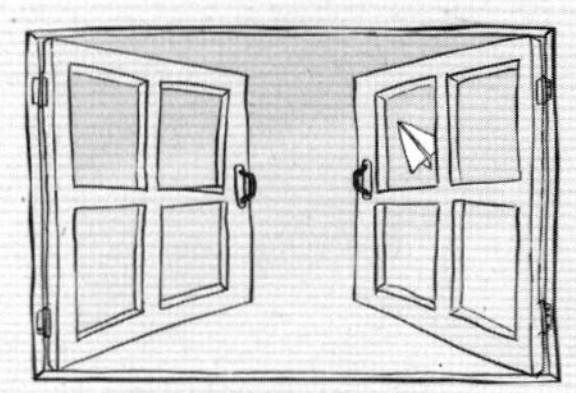

하정완

우리 안에 시(詩)가 있기 때문에

하정완

詩를 쓴다!

제가 가르치는 '시인을 꿈꾸다'라는 이름의 시작교실이 있습니다. 재미있게 공부하던 어떤 청년이 갑자기 이런 글을 남긴 것입니다.

"웬지 별로 시를 쓰고 싶지가 않아요.
어떡하죠?"

시를 열심히 쓰던 친구에게 시가 쓰고 싶지 않은 이유가 생긴 것입니다. 왜 그런 것입니까?
복합적인 이유가 있겠지만 어느 날 갑자기 시를 쓴다는 것이 사치스러운 일이 되었던 것입니다. 나라의 현실, 세상의 현실은 정말 치열한데 시 나부랑이를 쓰는 느낌이 든 것입니다.

'과연 이런 시기에 시가 너무 사치스러운 것 아닌가?'

지금의 우리보다 더 치열한 시기였던 일본제국주의 시대의

한 시인 윤동주도 같은 고민에 사로잡혔던 것 같습니다. 일본
에 홀로 와서 부모님이 보내 주신 학비를 받으며 공부하고 있
는 자신의 모습이, 그 와중에 시를 한 줄 쓰는 자신의 모습이
너무 부끄럽고 사치스러웠던 것 같습니다. 그가 쓴 "쉽게 씌
어진 시"는 그런 배경의 글입니다.

창(窓) 밖에 밤비가 속살거려
육첩방(六疊房)은 남의 나라

시인(詩人)이란 슬픈 천명(天命)인 줄 알면서도
한 줄 시(詩)를 적어 볼까

땀내와 사랑내 포근히 품긴
보내 주신 학비 봉투(學費封套)를 받아

대학(大學) 노트를 끼고
늙은 교수(敎授)의 강의(講義) 들으러 간다

생각해 보면 어린 때 동무를
하나, 둘, 죄다 잃어버리고

나는 무얼 바라 나는 다만, 홀로 침전(沈澱)하는 것
일까?

인생(人生)은 살기 어렵다는데
시(詩)가 이렇게 쉽게 씌여지는 것은
부끄러운 일이다

육첩방(六疊房)은 남의 나라
창(窓) 밖에 밤비가 속살거리는데,

등불을 밝혀 어둠을 조금 내몰고,
시대(時代)처럼 올 아침을 기다리는 최후(最後)의 나.

나는 나에게 작은 손을 내밀어
눈물과 위안(慰安)으로 잡는 최초(最初)의 악수(握手)

윤동주의 고민도 그것이었습니다.

"나는 무얼 바라/ 나는 다만, 홀로 침전(沈澱)하는
것일까?"

고통스러운 현실 앞에 혼자 낭만적인 고민에 빠지는 것 같
은 자신이 미웠던 것입니다.

"인생(人生)은 살기 어렵다는데/ 시(詩)가 이렇게 쉽
게 씌여지는 것은/ 부끄러운 일이다"

시를 쓴다는 것이 부끄러워졌습니다. 자신의 시에는 피가 흐르고 있지 않았기 때문이었습니다. 하지만 누가 윤동주의 시를 읽으면서 "현실을 모르는 낭만주의자" 혹은 "시가 사치스럽다"고 말할 수 있겠습니까?

하지만 시인들은 그렇지 않습니다. 시인들이 괴로워하는 이유는 무엇입니까? 당연히 시의 서정성 때문입니다. 그것이 너무 사치스러워 보였던 것입니다. "꽃보다 밥"이 더 급한 시대에, "노래보다 치열한 목숨"이 더 귀중한 시대에 시를 노래하는 것이 사치스러워 보였기 때문입니다. 그래서 아도르노는 아우슈비츠의 학살을 얘기하면서 이런 말을 한 것입니다.

"아우슈비츠 이후 서정시를 쓰는 것은 야만스러운 일이다."

정말로 시는 사치스러운 것입니까? "서푼짜리 오페라" (1928) "살아남은 자의 슬픔"등의 작품을 썼던 나치시대 때 작가 베르톨트 브레히트, 히틀러 치하에서 망명생활을 했던 그는 아예 "서정시가 쓰기 힘든 시대"라는 시를 썼습니다.

나도 안다, 행복한 자만이
사랑받고 있음을, 그의 음성은
듣기 좋고, 그의 얼굴은 잘생겼다.

마당의 구부러진 나무가
토질 나쁜 땅을 가리키고 있다. 그러나
지나가는 사람들은 으레 나무를
못생겼다 욕한다.

해협의 산뜻한 보트와 즐거운 돛단배들이
내게는 보이지 않는다. 내게는 무엇보다도
어부들의 찢어진 어망이 눈에 띌 뿐이다.
왜 나는 자꾸
40대의 소작인 처가 허리를 꼬부리고 걸어가는 것만
이야기하는가?
처녀들의 젖가슴은
예나 이제나 따스한데.

나의 시에 운을 맞춘다면 그것은
내게 거의 오만처럼 생각된다.

꽃피는 사과나무에 대한 감동과
엉터리 화가에 대한 경악이
나의 가슴 속에서 다투고 있다.
그러나 바로 두 번째 것이
나로 하여금 시를 쓰게 한다.

분명히 브레히트 역시 "꽃피는 사과나무의 감동"을 말하는 서정적인 시 보다는 히틀러를 가리키는 표현인 '엉터리 화가'에 대한 경악함을 쓰겠다고 선언하였지만 그의 시에 흐르는 서정성에 대한 그리움은 부정할 수 없습니다.

분명 그들은 서정시를 쓸 수 없었지만 서정시를 그리워하고 있음을 알 수 있습니다. 시인 박노해, 고은, 김지하, 도종환, 정호승… 그들이 결국 서정시를 쓸 수 밖에 없는 이유이기도 합니다. 왜 이렇게 된 것입니까?

윤동주도 그 점을 가장 깊이 괴로워했습니다. 그런데 시가 흘러나왔습니다. 왜 그런 것입니까? 윤동주는 이렇게 말했습니다.

"창(窓) 밖에 밤비가 속살거려
육첩방(六疊房)은 남의 나라

시인(詩人)이란 슬픈 천명(天命)인 줄 알면서도
한 줄 시(詩)를 적어 볼까"

시란 "천명"같은 것이었습니다. 그래서 괴로워했던 것입니다. 좀 더 본질적으로 말하면 우리가 시같은 존재로 창조되었기 때문입니다. 바울은 에베소서에서 이렇게 말했습니다.

원래 하나님은 우리를 창조하실 때 "선한 일을 위하여 지으"셨습니다.(엡2:10) 바울은 그것을 "그가 만드신 바라"고 말한 것입니다. '그가 만드신 바'라는 헬라어 성경 문장은 '아우투 에스멘 포이에마'인데, 직역하면 '우리는 그 분의 포이에마이다'라고 번역할 수 있습니다.

재미있는 단어가 보입니다. 바로 '포이에마'입니다. 왜냐하면 포이에마란 단어는 포임(poem) 즉 시(詩)와 같은 어원을 갖고 있기 때문입니다. 그러니까 하나님이 처음부터 우리를 시같은 존재로 창조하신 것입니다. 언제나 시같은 모습으로 세상을 선하게 말하는 존재가 되도록 한 것입니다.

그래서 우리는 창조될 때부터 이미 선한 일을 생각하고 선한 일을 하는 경향성을 갖게 된 것입니다. 하나님이 우리를 창조하신 내용입니다. 마치 고통의 시절에도 서정시를 쓸 수 있도록 말입니다. 그래서 존 스토트는 "걸작품"이라는 말로 해석하였습니다. 나름대로 공동번역이 적절하게 번역하였습니다.

마련하신 대로 선한 생활을 하도록 그리스도 예수를
통해서 창조하신 작품입니다"(공동번역/엡2:10)

"하나님의 작품, 포이메마" 그러니까 "하나님의 시"로 우리를 하나님은 창조하신 것입니다. 그런데 그런 우리가 죄를 범하므로 파괴되어지고 죽음의 권세에 사로잡힌 "죽은 존재"가 된 것입니다. 이 모습에 대하여 하나님이 진노하신 것은 매우 당연한 것이라고 말할 수 있습니다. 그래서 예수 그리스도와의 연합을 통한 우리들의 구원을 계획하시고 실행하신 것입니다.

그런데 중요한 것은 이런 놀라운 사건을 하나님이 아무런 대가없는 은혜로 계획하시고 실행하셨다는 사실입니다. 그분은 우리가 죄의 노예가 된 진노의 자식이 아니라 원래 창조하신대로 하나님의 시(詩)와 같은 존재로 회복시키기를 원하신 것입니다. 그것은 일방적인 하나님의 은혜였고, 바울은 "하나님의 선물"(엡2:8)이라고 표현한 것입니다.

"너희가 그 은혜를 인하여 믿음으로 말미암아 구원
을 얻었나니 이것이 너희에게서 난 것이 아니요 하
나님의 선물이라"(엡2:8)

그러므로 주님을 만나는 순간, 예수로 회복되는 순간 우리는 아름다운 사람, 시인이 되는 것입니다. 그리고 그 시인이 세상을 걸어가고 세상을 변화시키고... 이것이 하나님의 계획이었던 것입니다.

그러고보면 예수님이 세상을 걸어가실 때 사람들이 몰려들었습니다. 산에서, 들에서, 도시 혹은 바닷가에서 이야기하시고 그들의 얘기를 들으면서 회복시키셨기 때문입니다. 그것이 세상을 변화시키는 주님의 방법이셨습니다.

그런데 언제부터인가 교회와 크리스천이 세상이 되어갔습니다. 세상의 방법을 가져와서 교회의 부흥을 논하기 시작하였습니다. 세상의 마케팅, 전략, 성공, 축복, 물질... 이런 것들이 기독교의 주제가 되었습니다. 그런 것들로 세상을 바꿀 수 있다고 생각한 것입니다. 주님이 말씀하신 내용인 것처럼 주장하였습니다. 그리고 교회가 부요해졌습니다. 그런데 이상하게도 그렇게 부요해진 기독교는 세상으로부터 왕따되기 시작했습니다. 세상을 변화시키기는 커녕 그 세상의 관심밖으로 밀려나기 시작한 것입니다.

교회 혹은 크리스천의 부흥은 세상을 거닐며 세상의 이야기를 듣고 이야기를 하시던 예수의 모습, 곧 시인의 모습을 되찾는데 있다고 생각합니다. 눈물젖은 빵을 먹으면서도 그리스도로 행복한 사람들로 세우게 하는데 있다고 생각합니다. 바로 시인으로 살도록 하는 꿈입니다. 하나님이 우리를 "포이에마" 곧 "시같은 존재"로 창조하셨기 때문입니다. 그러므로 예수를 만나면 우리는 모두 시인이 될 것입니다. 매우 당연한 일입니다.

그런 까닭에 시가 사치스러워져서 시를 쓰고 싶지 않다는 글을 남겼던 그 청년에게 이런 글로 답하였습니다.

> "우리 유진이... 시는 더 이상 네가 통제할 수 없는
> 네가 아니란다. 시는 써도 되고 안써도 되는 것이 아
> 니기 때문이다... 시는 사람과 같다. 네가 사랑하지
> 않으면 너를 버리는 것... 그가 시다. 너를 사랑한다.
> 시처럼 나도..."

그 청년에게 하고 싶었던 얘기를 김지수가 쓴 책의 제목으로 인용하면 '시, 나의 가장 가난한 사치'라 할 수 있을 것입니다. 죽음이 우리를 엄습하던 시기에 시를 쓸 수 있는 것, 그래도 남은 아름다움과 그리움을 이야기하는 것은 그런 시대를 이기게 한 하나님의 방법이라 생각하기 때문입니다. 하나님이 우리를 그렇게 만드셨기 때문입니다. 우리가 시인이 될 수밖에 없는 이유이기도 합니다.

2

시를 찾아

김정윤

홍찬민

하준수

전덕진

남승호

김정윤

간절함.

나의 간절한 기대와 소망

어느 곳에서든 그 분이 보이기를

그분이 가신 길을 끝까지 걸어가기를

그분의 입맞춤과 사랑에 푹 빠져 아름다워지기를

가진 것이 없다 하여도 그분으로 인해서 만족하기를

그분의 마음이 내 마음이 되고 내 마음이 그분의 마음이 되기를

그렇게 바라고 또 바래본다.

눈. 먼. 나.

눈 먼 내가
그대를 만나다

그대가 보인다
선명하게

이내 또
눈이 멀었다

하지만 보인다
그대가

시작노트 : 눈이 어두워 보지 못했던 하나님, 그분이 나를 찾아오셨다. 예
배를 드리면서 그 분을 만났다. 그 아름다움에 눈이 부셔 이내 눈이 멀었
다. 그런데 언제나 어디서든 그분이 보인다.

갈림길

산을 오른다
그의 뒷모습이 보인다
나의 숨소리가 들린다

갈림길이 생겼다

한 길은 높고 가파르게 보인다
또 다른 한 길은 평평하게 보인다

그 자리에 서있는 내가 보인다
그의 뒷모습이 보인다

시작노트 : 지금 편한 것을 찾고 머물려는, 아니 머물 수밖에 없는 나의 모습을 보면서 끝까지 그 길을 따라 걸을 수 있을지 깊이 생각해 보았다. 어느 길이든 사막이든 광야든 골고다 언덕이든 함께 걷는 것만으로 행복할 수 있는 그런 사람이 되고 싶다.

입맞춤

햇살과 바람의 입맞춤에
붉어져 가는 너의
수줍음이 참 이쁘다

달빛과 별빛의 입맞춤에
붉어져가는 너의
두근거림이 참 뜨겁다

뭘 먹었는데?

배부르다
뭘 먹었는데?
바람

배부르다
뭘 먹었는데?
사랑

시작노트 : 유치원에서 내가 가르치는 일곱 살 재영이와 서른세 살 내가 나눈 대화이다.

마음 – 바람이 나에게

바람이 내 마음을
가져갔다

바람이 네 마음을
가져왔다

홍찬민

내가 쓰는 시들은 모두 나를 향해 쓰거나 나의 모습 또는 나의 마음을 표현하는 내용으로 가득하다. 처음 '시'라는 것을 접했을 땐 그저 멋지게 예쁘게 포장을 해야 만족을 느끼고 사람들의 관심을 살 수 있을 거라 생각했었다. 그러나 그것도 잠시, 시라는 것에 재미와 관심이 점점 줄어들었다. 오히려 무심코 쓴 시안에서 진짜 내 모습을 보았다. 그것이 나였다. 시는 곧 나의 모습, 나의 행위 그 모든 것을 담고 있었다. 말과 행위로는 표현할 수 없었던 나를 글 안에서 보게 되었다. 적어도 시안의 나는 때 묻지 않은 순수함을 가지고 있었고 솔직했다. 시를 쓰면서 나를 다시 보게 되었고 나를 조금은 더 사랑하게 되었다.

내 안의 부끄러운 그것

쓰디쓴 약을 마신듯
얼굴이 일그러진다

이유가 무엇이든
가슴엔 멍이 들었다

목구멍에 걸린 말꼬리를
손으로 끄집어 내본다

생채기 난 그곳이
더욱 아려온다

___

시작노트 : 난 늘 실수투성이였다. 그냥 지나쳤던 말과 행동들이 돌이켜보
니 실수였고, 내 안에 차곡차곡 쌓여 있는 것을 보았다. 가끔씩 쌓인 것이
올라와 울컥하며 화끈거리고 나를 참 부끄럽게 만든다.

결과를 말하지 마라

멈추지 말아야 하는데
자꾸 멈추게 된다

뒤돌아보지 말아야 하는데
자꾸 후회가 된다

어떤 그럴싸한 것들도
내겐 그저 보기 좋은 핑계다

결론은 없다
그저 반복이다

시작노트 : '나는 다른 사람들과 다르다, 나는 다른 사람들 보다 더 괜찮지 않나?'라는 생각을 했었다. 하지만 뚜껑을 열어보니 다른 사람들과 별반 다르지 않다는 것을 알게 되었다.

주일 아침

똑 똑 똑

단잠을 깨우는 소리
창가로 비치는 따사로운 햇살

기지개의 개운함들
잠깐의 여유로움들

내일이 되면 다시
돌아가겠지 아마

시작노트 : 주일 아침은 내가 일주일 중 유일하게 해가 뜬 후 일어나는 날
이다. 그렇게 밝은 창가를 보면 좋으면서도 낯설다. 익숙하지 않다고 해야
할까? 너무 배부른 소리일지도 모르겠다.

나

오선지 위에
살포시 나를 묻어본다

녹아드는 것이
쉽지는 않다만

그리 어렵지도 않게
녹아든다

쉿!
아무도 모를 거야

나에게 주어진 것

아름다움의 유희들
나도 안다

내가 내가 아니듯
그것들도 내껀 아니다

시작노트 : 나도 누구 못지않게 아침 일찍 출근을 한다. 다른 이들의 출근 길을 바라보면서 멋진 슈트라든가 한껏 치장하며 나가는 그들을 부러워 할 때가 있다. 하지만 그들은 그들의 하루를 보내는 것이고 나는 나의 하루를 보내는 것이다. 그렇지 않은가?

하준수

열망은 있지만 약한 나의 모습 때문에 거짓되고 죄악 된 모습을 버리지도 못한다. 이는 모두 두려움 때문이다. 거짓 자아를 버리게 되면 나의 모든 것이 무너질까봐 두려운 것이고 연약한 모습을 드러내면 죽을지도 모른다는 두려움 때문에 버리지도 못하고 있는 나의 모습이다. 그런 나를 시를 쓰면서 발견한다.

희미한 인사

앞서 지나간 사람은 보지 못한
나를 향한 인사

가냘프지만 그 희미한 미소에
슬픔을 감춘다

누구도 보지 못한 인사에
나 혼자 대답한다 '안녕'

시작노트 : 죽은 나무 위에 홀로 자라고 있는 작고 여린 풀을 보면서 생명을 다시 생각해 본다. 보잘 것 없지만 살아가는 작은 풀을 보면서 힘을 얻게 된다.

신음

꽉 막은 너로 인해
나는 헐떡댄다

네가 없어야
내 숨이 트일 텐데

함부로 꺼낼 수도
손댈 수도 없다

깊은 곳에 박힌 널
토해내고 싶다

오늘도
가쁜 숨을 몰아쉰다

시작노트 : '죄의 덩어리가 가슴 속에 가득 있다'라는 생각이 들었다. 이 죄로 인한 자책, 회개, 포기를 수 없이 반복 했지만 죄는 너무 깊은 곳에 자리 잡고 있어 지금은 내 일부가 되어 버린 상황과 같다. 이 죄와의 싸움... 그칠 것 같지 않다.

열망

세상의 끝으로
너를 만나러 왔다

너는 열정으로 나를 맞았고
나는 그 열정에 환호로 답한다

붉게 타는 열정이 나를 뜨겁게 하고
내 어리석은 미련이 열정을 식게 한다

가까이에서 만난 너는 여전히 뜨거웠다

시작노트 : 비행기에서 만나는 아침, 하늘에서 만난 태양은 언제나 동일하
게 열정적으로 타고 있었고, 구름위로 만들어진 노을은 나에게 환호를 만
들어 낸다.

빛

한 빛 줄기를 따라
어둠의 끝으로 달려

밝은 세상에 큰 빛으로
어둠을 몰아낸다

나의 어둠 속 상처가
밝은 빛에 드러나고

따뜻한 빛이 상처를 감싸
아픔을 치료한다

이제
따뜻한 빛을 사랑한다

시작노트 : 외로움에 사로 잡혀 동굴로 파고들던 시절이 있었지만 한 줄기
빛을 만나 행복한 날들을 보낸다. 그 한 줄기 빛은 바로 "사랑 그리고 시"

시

도망간다
빛이 없는 동굴 속으로

이리 떼 우글거려
내 치부를 뜯어 먹는

쫓겨간다
사람 없는 광야 속으로

사냥꾼 총을 들고
내 심장을 노려보는

거짓 나를 끊임없이
세상의 끝으로 몰아간다

시작노트 : 시를 쓰면서 내 안의 분노 내 안의 거짓 된 나를 발견 한다. 나의 거짓 자아를 발견 하게 되는 이리 떼와 사냥꾼은 무서운 존재이자 꼭 필요한 존재이며 곧 시와 같다.

전덕진

알 수 없는 감정과 생각들이 나를 지배한다.
아무리 떨쳐내려 해도 소용없이 나를 무시한다.

누군가를 사랑했는지,
누군가를 사랑하는지,
누군가를 사랑하련지,

온통 사랑에 목매고 있다.

사랑 없이는 나도 없다.
사랑 없이는 시도 없다.

사랑 밖에 없다.

아.....

나의 잘못이
잘못으로 다가올 때
고개가 무거워집니다

당신과 나의 거리가
좁혀지고 좁혀져서

내가 당신이 되고
당신이 내가 될 때

당신이 많이 생각납니다

날이 밝으면 당신을
만나러 가야겠습니다

시작노트 : 나를 용서 할 수 없는 그를 통해 내가 용서 할 수 없었던 그를
보았다. 그에게 미안했다고, 고마웠다고 말하고 싶었다.

미운 밤

허공에
그대이름
던져놓고

무작정
돌아오길
기다립니다

향기론 미소를
여전히 붙들 수 없는

오늘밤이
밉습니다

시작노트 : 밤마다 찾아드는 괴로운 생각들은 잊을 수 없는 기억들과 마주
하게 된다. 할 수 있는 것이라곤 그 아련함을 억지로 삼키는 것뿐이다. 그렇
기에 누구의 잘못도 탓할 수 없는 상황 속에서 괜한 밤을 탓해본다.

왜

머릿속에
한송이
생각

.

.

.

.

.

너

시작노트 : 사라지지 않는 사람이 있다. 무슨 짓을 해도 달라지지 않는 마음이 있다. 꽃처럼 향기로운 미소를 잊을 수 없는 그런 마음이 있다.

시작

움츠린 사랑이
다시 피어날 수 있게
나 먼저 그대에게

고백하리니

감춰진 향기가
다시 퍼져날 수 있게
나 먼저 그대에게

고백하리니

숨겨진 햇살이
다시 드러날 수 있게
나 먼저 그대에게

고백하리니

시작노트 : 새로운 사랑이 내안에 싹틀 것을 믿는다. 마지막 남아있는 용기
를 힘겹게 모아서 한 발짝 먼저 다가갈 마음을 살며시 먹어본다.

신기루

꿈을 깨니

아픈 건 그대로다

날아다니던 가슴도

제자리로 돌아왔다

꿈을 깨니

모든 건 그대로다

시작노트 : 피하고 싶은 현실로부터 멀리 떠난 줄 알았다. 그렇게 잠깐은
행복했다. 그러나 나는 다시 여전히 아팠다.

남승호

사랑하는 이들과 무작정 가게 되었던 구름포.

해가 질 때가 다 되어서 넘어가는 태양을 보지 못할까봐 서둘러서 장을 보고 급하게 차를 몰아서 해안가에 도착했다. 차를 세우고 내리는 순간, 우리는 숨이 멎어 버릴 것 같았다.

나의 몸과 영혼까지도 감싸버리는 듯한 눈부시고 압도적인 자연 앞에서 우리들이 어둠속을 헤맬 때 그토록 갈망하던 빛이란 바로 이런 것이구나! 라는 것을 느꼈기 때문이었다.

그 앞에 서다

거리의 불빛들이
저마다 잘났다며 난리다

하지만 상관없다
이제 곧, 태양이 뜨니까

시작노트 : 사람들은 빛을 갈망하여 무수히 많은 빛들을 만들어 낸다. 천재적 사고와 창의성으로 만들어낸 것들이 너무나도 놀라웠고, 그것이 전부처럼 여겨졌다. 그때 태양이 떠올랐다. 이 땅에서 만들어낸 수많은 것들을 모두 감싸버리는 압도적인 빛. '진짜'가 나타난 것이다.

어떤 날에

시선이 멈추는 곳
그곳에 네가 있었으면

손길이 멈추는 곳
그곳에 네가 있었으면

마음이 머무는 곳
그곳에 네가 있었으면

3

거리를 걷다

박효진

윤한솔

부진철

김영찬

박혁진

김경희

박효진

'시인을 꿈꾸다'를 시작하면서 세상이 다르게 보였다. 평소에도 수십 번, 수백 번 걸었던 길인데 시를 쓰다 보니 꽃이 보였다. 그냥 예쁜 꽃인 줄 알았는데 자세히 보니 꽃이 새가 되어 날갯짓을 하고 있었다. 세상에 꽃이 이렇게 예쁘다니 감격스러웠다. 그리고 꽃이 날갯짓을 하는 것처럼 보이는 내 자신이 행복했다. 하나님이 만드신 것, 작은 것 하나도 아름답지 않은 것이 없다. 이 꽃처럼 나도 새가 되어 날고 싶다.

날개

꽃이 새가 되어
날아간다

나도 새가 되어
날고싶다

그날

하늘이 열린다
나의 마음이 열린다
너의 마음도 열린다

나와 너의 열린 마음이
하나가 되어
열린 하늘을 향한다

시작노트 : 강변북로를 운전하고 달리다가 구름사이로 하늘이 열리는 모습
을 보고 마음이 열렸다.

통일

세상에 이런 곳이 있구나
남북이 대치되어 있는 곳
서로 총을 겨누고
철저하게 지키는 곳

그런데 이곳이 가장 평화롭다
조용하고 고요하고 행복하다
사랑하는 사람들과 손을 잡고 오는 곳
곧 온 땅이 이런 곳이 되겠지

시작노트 : 헤이리. 이곳은 서로가 총을 겨누고 있는 휴전선 바로 옆이다.
아이러니하게 카페에 앉아 커피를 마시며 여유롭고 행복한 시간을 보내는
우리를 본다. 그 땅을 생각한다.

빛

그분의 빛이 나를 자라게 합니다
그분의 빛이 나를 빛나게 합니다

시작노트 : 하늘이 화창하고 맑던 어느 날 사무실 앞 잔디 밭 중앙에 홀로 잘 자라고 있는 잡초를 보았다. 아무도 돌보지 않는데, 무엇이 잡초를 이렇게 아름답게 자라게 했을까? 라는 생각이 들었다.

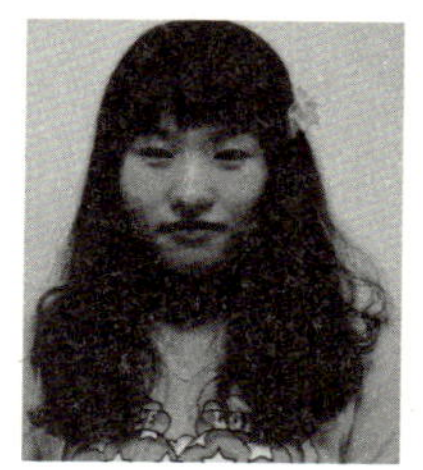

윤한솔

시를 쓰면서 하나님과 만나고, 숨겨져 있던 나와 만나고, 시를 만났다. 시는 이들을 만나지 못하게 가로막았던 문을 열어주는 열쇠다. 하나님을 만나면서 의존을 배우고 치유를 받았다. 이미지를 형상화하여 추상적 의미와 연결해 시를 써보니 미술을 배우지 않아도 내가 화가가 된 느낌이었다. 또 다른 나를 만나게 해줄 나의 시들이 벌써부터 기다려진다.

화가

어둠 속에서
시들이 피었다 진다

어둠의 손목을 끌어다가
시를 그리니
어둠이 더욱 짙어졌다

시들이 참 싱싱하다

시작노트 : 인간은 밤이 찾아올 때 쉬고, 쉴 때 자유가 찾아온다. 시에서 어둠은 자유를 의미한다. 시의 건강함이다.

비행(飛行)

내 숨소리는
하나님의 사랑고백

그 투명함에
음표를 띄워 날리면

내 기도(氣道)는
사랑고백의 활주로

태초부터 지금까지
순간에서 영원까지

포옹

연필 잡는 것마저 서툰 아기의 손을
부드럽고도 굳센 손이 감싸 안고

무언가 써내려가더니

시가 되고, 곧 삶이 되었다

시작노트 : 독립심과 주체성이 강하던 나는 하나님께 의존하지 못해 힘들었는데, 삶의 과정 가운데 하나님께서 의존하는 방법을 가르쳐주셨다.

치유

나는 시를 쓴다

아파서 시를 쓴다

시가 나를 쓴다

나보다 더 아프실 그 분께서

나를 달랜다고

시가 내 아픔을 쓴다

시작노트 : 고통 가운데 시가 흘러나온다. 시를 쓰고 있으면, 마음이 정화
되면서 치유 받았다는 느낌이 든다. 그리고 하나님의 마음을 느낀다. 나보
다 더 아파하시면서도 나를 달래주시는 사랑.

부진철

시를 쓰기 전에는 이 사실 조차도 알지 못했었는데, 씌어진 시를 보면서 나도 몰랐던 내 마음을 보게 되었다. 예전에 무심코 지나가던 거리의 풍경들, 스쳐지나가는 소리, 느끼는 감정, 그 모든 것에서 그분을 느끼고, 나를 느끼게 되었다. 그 시가 나를 치유하고, 세워주고, 삶을 풍성하고 감사로 넘쳐나게 만들었다.

내려놓음

그립다
두 손을 꽉 쥐면
어디론가
깊은 슬픔이
내 안을 드리운다

이 손을 펴는 순간
다 제자리로 돌아올 텐데

미성숙한 마음에
여전히 놓지 못한다

시작노트 : 주님만 의지하며 산다는 것이 쉽지가 않다. 좀 더 내려놓으면 그분께 가까이 갈 수 있다는 것을 알면서도 무엇이 두려운지 자꾸 움켜쥐려고만 하는 나를 본다.

그리움

떠나야 한다
아쉬워도 그리워도

항상 마주하는
만남과 이별 앞에
난 얼마나
약한 존재인지

그래도
떠나야 한다

시작노트 : 홀로 서울에 올라와 지내면서 1년간 가족같이 대해주시던 카페
사장님부부를 떠나게 되었다. 아쉽지만 떠나야 한다는 것을 안다. 또 다른
시작을 위해, 새로운 만남을 위해.

그림자

그는 없고
나는 있다

나의 몸짓과 활짝 치켜든
두 손으로
그를 가리운다

그의 모습이
희미해져간다

나약함

바람이 쉼 없이
내게로 온다

홀로 모든 것을

견뎌내기엔

난

한없이 약하다

바램

더딘 마음으로
기나긴 시간 끝에
홀로 있는 그대 곁으로

보이지 않게
멀리서 라도
너를 그리고 기도할께

아픈 마음 위로하고
힘든 마음 뒤로한 채

그저

앞을 보고 나아가렴

시작노트 : 옆에서 힘이 되어주고 싶은 사람이 있었다. 그저 해줄 수 있는
것이 기도밖에 없어서 앞날에 늘 좋은 일만 있길 조용히 읊조렸다.

김영찬

시가 내게 길을 내주었다. 아버지의 닫혔던 마음으로 가는 길을 열어주었고, 하나님께서 만드신 아름다운 세상을 천천히 걸으며 감상할 수 있는 길로 이끌어 주었고, 내 신을 벗고 하나님과 마주하고 대화를 나눌 수 있는 길을 내주었다. 길이 보이고 나는 그 길을 걷는다. 그리고 그 길 위에서 다시 시를 써본다. 천천히 휘파람을 불며.

가짜 미소

몰랐다
내가 꽂은 것이
칼이었던 것을

또 몰랐다
아니 알았다
너가 웃는 것이
아니라는 것을

그리고 모른다
아니 모를 수 없다
나도 웃는 것이
아니라는 것을

시작노트 : 고향집을 떠나 서울 올라가는 날, 배웅하시는 아버지에게 상처
가 되는 말을 했다. 내색하지 않으셨지만 손을 흔들며 나를 향해 보내는 아
버지의 웃음은 진짜 웃음이 아니라는 게 느껴졌다. 그 아버지의 웃음에 화
답하는 나의 웃음도 마찬가지였다. 그렇다.

거지예수

왜
거기
있어요

나
마음
아프게

또
그냥
지나쳐

너
눈물
흘리게

시작노트 : 길에서 세 분의 노숙인을 만났다. 그토록 보고 싶었던 예수님이
었다. 그런데 초라하고 냄새 나는 모습으로 나타난 것이다. 갈 수 없었다.
그것이 나였다.

아지랑이

시가 봄을 가져왔다
아니 겨울을 걷어갔다

따스함에 녹은 눈은
대지 깊숙한 슬픔도 적신다

아지랑이가
모든 것을 노래한다

시작노트 : 시가 내 삶에 들어온 뒤, 세상의 아름다움과 슬픔이 동시에 아
지랑이처럼 뿌옇게 내 앞에 드리웠다.

눈먼 행복

너만 보인다
온 세상이 색을 잃고
너만 보인다

그래서 좋다

시작노트 : 석양이 지는 오후 무렵 청계천을 거닐다가 우연히 하늘을 빨갛게 수놓은 태양을 보았다. 그 태양의 색이 너무나 강렬하여 그 주변의 모든 사물은 색을 잃었다. 하나님, 오직 그분만 보였다.

그러 길래

바람이 천천히 불길래
사람들이 나만 보길래

겨울이 춥지 않길래
계속 웃음이 나길래

세상이 멈추길래
심장이 춤추길래

너가 보이길래
내가 떨리길래

그러 길래

시작노트 : 사랑이 왔다. 세상 모든 것이 달라졌다. 그러 길래 사랑이 왔다.

박혁진

아름다운 그대에게 나의 온 마음이 집중되었으면 좋겠는데 아무것
도 할 수 없는 내가 너무 미안하다. 난 왜 이리도 욕심의 안경으로,
겁 많은 마음으로, 멍청한 머리로, 그대에게 미치지 못하는지 항상
미안하다. 그래도 그대에게 달려가고 싶다. 온 마음 다해

그대

그냥
아름답다

원래
사랑스럽다

그저
그렇게 태어났다

시작노트 : 어린아이들의 웃는 모습을 보면서 푸른 하늘의 시원스러움과 숲의 아름다움을 보면서 어쩜 저렇게 아름다운 모습일까? 그렇지. 하나님이 창조하셨으니 그렇지? 세삼스럽게 생각한다.

마음

네모 반듯 반듯 했으면 해

딱딱 맞아 떨어지면 좋겠어

착착 정리되어 버리면 좋겠어

삐뚤거리는 내 마음

시작노트 : 싱크대에 다양한 크기의 반찬통이 잘 정리되어 쌓여 있는 모습을 보면서 생각한다. 나의 복잡한 마음과 상황도 저렇게 정리되었으면...

미안

빨아들여라
빨아들여라
내 안의 모든 더러움 까지도

근데 어쩌지
너의 속은 미여터지는구나

나의 더러움인데

시작노트 : 진공청소기로 방청소를 하다가 나의 더러움을 자신의 뱃속으
로 빨아들여주는 청소기에게 새삼 미안한 마음이 들었다.

욕심이라는 안경

같은 것을 보고도
서로 다른 생각을 한다

옳은가 그른가는 묻지 마라

내 손에 엽전 한 냥만 쥐어준다면

사슴을 말이라 하겠다

겁 많은 마음

내 머리는

마음을 이길 만큼

너무도 똑똑해서

시작노트 : 가끔은 마음가는대로 자연스럽게 행동해도 괜찮은데 자꾸 머리로 생각하고 행동을 제한하고 망설인다. 상자에 갇혀있는 나의 모습이었다.

김경희

세상을 살면서 타이밍이 중요하다 얘기하지만, 세상을 잘 사는 타이밍이 아닌 하나님의 타이밍, 하나님의 때를 알고 싶다. 내가 세상을 살아가기 위한 타이밍이 아닌 하나님께서 나를 사용하시고자 하는 그때를 알고 싶다. 그리고 그 날, 누군가에게 희망이 되고, 용기가 되고 싶다. 그렇게 살고 싶다.

그 날

전화로 들려오는 목소리

만나면 너스레 떨며 건네는 미소

심심하다면 가끔 오던 문자

나는 몰랐다

그렇게 스쳐 지났던 그 날이
너의 마지막인 줄을

시작노트 : 친구가 이 세상에서 많이 힘들었는지 떠나버렸다. 같이 친구결혼식 가자고 약속하고, 헤어진 2주 만에 들려온 그 충격적 이야기에 '그때 더 많은 얘기를 나눌걸, 더 많이 사랑한다 얘기 해줄걸' 하고 후회가 되었다. 언제나 마지막인줄 모르고 그렇게 무심히 많은 사람들을 떠나보내는 나의 부족함에 화가 났다. 나는 과연 사람들에게 빛인가? 그분의 빛처럼 사람들을 비춰주는가?

그 때

자신을 숨기려
화장을 짙게 하고

자신을 감추려
허풍을 떨고

자신을 지키다
저주를 받은
어리석음이여

자신을 놓음은
은혜를 입고

자신을 버림은
긍휼로 말미암아
온전함에 이른다

4

바람을 따라

윤하늬

차은혜

윤태윤

김종순

전호현

윤하늬

내가 시를 통해서 무얼 말하고 싶었는지 생각했다.

아직 알지 못하는 나의 소중함과, 남들을 위한 작은 마음들이 사실은 가장 귀하고 소중하다는 사실을 말하고 싶었다. 먼지로 가득 덮여져 있는 것 같은 우리지만, 사실은 귀한 존재이고, 별 뜻 없는 말과 행동 같지만 한 사람에게는 크나큰 위로와 격려가 될 수 있다는 사실을 말하고 싶었다. 우리가 주위에서 쉽게 볼 수 있는 들꽃도 별 것 아닌 것 같지만, 자세히 들여다보면 하나하나가 다 소중하고 예쁘다는 사실을 말하고 싶었다.

마음을 믿자

고치지 못할 거라는
불신
평생 이럴 수밖에 없을
거라는 불신

그 불신이
날 병들게 했구나

그 은혜면
그 사랑이면
고치고도 남을 텐데

믿자
그 분의 사랑

누구에게도 말하지 못한
아픔과 고통과 슬픔을
다 아시는 그 분
탕자와 같은 날
언제나 품으실 수 있는 그 분

우리는 다이아몬드

모르고 있었다
알고 난 후에도
믿어지지 않았다

그러나 언제나
꾸준히 말씀하시는 그 분

우리는
보석과도 같이 귀한 존재

다듬어지고
만들어져 가는 중

그 분의 손길을
믿으며 맡기자

시작노트 : 내가 귀하고 가치 있는 존재라는 사실을 정말 몰랐다. 그러나
그 분께서는 꾸준히 내게 말씀하신다. '너는 보석과 같이 귀한 존재이고 지
금은 다듬어지고 만들어져 가는 중이다'라고 말이다.

듣고픈 말

나도 모르게
눈물이 나네

무엇 때문이었을까
계속 말했다

그랬구나 하고
이야기를 들어주시는
당신

아무에게도
꺼내지 못했었는데

고마워요

시작노트 : 해결되지 않은 감정들이 나를 괴롭게 할 때가 있다. 그 분이 날 거부하시진 않을까 두려움도 있었지만 도저히 견딜 수가 없어서 내가 느꼈던 감정, 분노 등등 모든 것을 그 분께 토로한다.

참 예쁘다

그 마음이
그리워서
넋 놓고 생각할 때가 있다

날 생각해주고
날 찾아와 준
그 마음

그 이쁜 마음이
참 그립다

먼지 쌓인 어느 방

먼지가 가득 쌓였네
털어낸 적은 있었나

털어내면
당신을 그리고
나를 만날 수 있으려나

만나고 싶다
당신을
나도 모르는 나 자신을

시작노트 : 나 자신을 잘 안다고 생각했는데 사실은 모르는 점이 더 많았
다. 아예 쳐다보지도 않았던 적이 더 많았다. 누구를 만나면 알게될까?

차은혜

어렸을 때 가장 고민하게 만든 질문은 '커서 뭐 될래?'하는 것이었다. 특별히 되고 싶은 것도, 좋아하는 것도, 잘 할 수 있는 것도 없는 그냥 평범한 아이었다. 그 물음에 나는 늘 선생님, 공무원처럼 주위에서 말하는 꿈을 답하곤 했었다. 다 큰 어른이 된 지금도 그 물음은 여전히 나를 괴롭히고 있다. 어떻게 살까, 무엇을 남길까? 이제는 조금씩 답을 찾아 가고 있다. 아직은 선명하게 표현할 수는 없지만, 꿈을 꾸는 것만으로도 행복하다.

꿈

꿈을 꾼다
저 멀리 나는 꿈

좁은 바위틈 속에서
넓은 하늘을 그린다

땅에 매인 저 새보다
네가 더 행복하지 않으냐

시작노트 : 바위틈에 살지만 반짝반짝 빛나던 저 꽃과 같은 꿈이 어느 날
내게 찾아왔다. 꿈이 있는 사람은 행복하다지. 그렇지?

낙엽

언젠간 산이더니
이젠 바람이 되었구나

네가 무엇이든
아름답고 아름답다

훌훌 털어버리고
휙 돌아서는 너를 사랑한다

구름

너처럼 높이
너처럼 멀리
너처럼 가볍게 가고 싶다

마치 지금 여기가 아무것도 아닌 것처럼
언제든지 툭툭 털고 일어나
바람에 몸을 싣는 네가 부럽다

시작노트 : 구름이 날개달린 새처럼 보인다. 원래 자유로운 구름이 이날 따라 더욱더 자유로워 보인다. 언제나 걱정에 묶여서 땅에 매인 나의 눈에는 부럽기만 하다.

가면

알면서도
간다

드러날까
덮어버린다

미소 속에
불안을 감춘다

진짜인척
가짜다

시작노트 : 때로는 진짜 나의 모습이 아니라는 것을 너무나 잘 알면서도 가면 속에 몸을 숨기고 싶어 한다. 여전히 그렇게 두려움 속에 살고 있는 것 같다. 언제쯤 벗어버릴 수 있을까?

빛

너에게로 가고 싶다
똑바로 서지 못하더라도

단 한번이라도
밝은 너와 살고 싶다

시작노트 : 빛은 언제나 곁에 있는데도 늘 빛을 그리워하며 살고 있는 것
같다. 언제쯤 그 빛이 내 마음 구석구석 밝힐 수 있을까?

윤태윤

내면의 대화는 또 다른 나를 조우하게 한다. 보여진 모습들이 싫고 좋고를 떠나 어찌됐건 우리들로부터 온 것들을 외면하기에는 왠지 껄끄러움이 있다. 항상 그 상황에 직면하며 좀 더 나아질 방향을 찾고 고민하던 모습이 어렴풋이 기억난다. 아직 해답은 찾지 못했지만 긴 여정을 스스로 기약했다. 이 세상 속에 함께하는 모든 이들도 이 여정에 함께 하길 바란다.

사랑만이

이 시간도
너도
숨도
다 멈춰도 좋다

너의 마음만
내게로 와라

낙엽의 노래

바삭하게 구워진
너의 소리가 좋다

너의 죽음으로
오늘을 다시 산다

껍데기를 벗어 던지고

크게
내지르고 싶다

갇힌 소리는
더는 없어야 한다

너도 나도
이젠 세상 속에 드러날
때다

시작노트 : 속에 삭힌 말들이 많다. 세상의 시선과 기준 그리고 내 자신이 무책임하게 세워놓은 수많은 가치관 속에서 잉태되지 못한 수많은 말들에게 이제는 자유를 주고 싶다.

어린 신자

문 밖에
어둠이 있다

두려움을 안고 나갔던
나는
즐거움에 몸서리친다

이제는
빛이 두렵다

시작노트 : 지나친 음주, 음란한 마음, 탐욕, 시기, 질투를 끊고자 노력하지
만 문 밖에 나가는 순간, 쉽게 무릎 꿇고 굴복하는 자신을 맞이한다. 예배
당안의 결심과 사뭇 다른 삶을 사는 나에게 묻는다. 오늘이 그분 앞에 서
는 그 날이라면 떳떳할 수 있나? 이젠 빛이 두렵다.

참 좋은 아들, 참 못난 아들

너의 아름다움에
숨이 넘어갔다

눈에 밟힌
나를 보았고

너를
안을 수밖에 없었다

서럽고 고맙다

시작노트 : 한 청년의 가슴 따뜻한 이야기에 사무치게 서러운 맘을 안고서 잊고 지냈던 부모님의 사랑을 되새겨보았다. 보이지 않는 곳에서 묵묵히 봉사해 온 부모님은 돈벌레 일벌레로 낙인찍힌 처량한 존재였다. '반성합니다. 당신께 무관심해서. 고맙습니다. 지금까지 함께해주셔서.'

김종순

땅 끝에서 사랑을 만났다. 죽음보다 강한 사랑을 만났다.

예쁘다고 했다.

특별하다고 했다. 존귀하다고까지 했다.

무엇이든 할 수 있다고 했다.

실패해도 괜찮다고 했다.

다시 하면 된다고, 잘못을 해도 좋아한다고 했다.

따스한 두 팔로 꼭 안아주시면서 가장 사랑한다고 했다.

좋아서 조그마한 일이라도 하면 자랑스럽다고 했다.

세상 끝 날 때 까지 영원히 함께 있겠다고 약속했다.

그 약속은 천년이 지나도 이천년이 지나도 영원히 변하지 않는다.

지금 나는 행복하다.

나를 죽도록 사랑하시는 하나님과 함께 살아서.

나도 그분을 정말 사랑해서.

바 보

바보가
되지 않기 위해
울음을
삼키며
살았다

어느새
울지 못하는
진짜
바보가
되었다

시작노트 : 어릴 적에 속이 상해 울면 '바보'라고 놀리며 재밌어 했다. 그래서 나는 "절대 사람들 앞에서 울지 않겠다." 고 결심했다. 어느 날 문득 바보가 되지 않기 위해 이를 악물고 살았는데 울지도 웃지도 표현하지도 못하는 바보 멍청이가 되어있는 나 자신을 보았다.

닮고 싶습니다

그는
없습니다
그러나 있습니다

나는
있습니다
그러나 없습니다

無인 것 같지만
有이신 분

그분을
닮고 싶습니다

시간

아침에
나와 함께
일어나는 시간

기분 좋게
노래하며
같이 걸었는데
어느새
저만치
달아나고 있네

가쁜 숨을 헐떡이며
따라가 보지만
산중턱에 걸려
지는 해 바라보고 있네

후회가
밤하늘의 별이 되어
쏟아지네

초 행 길

삐그덕
문을 연다

눈부신
햇살이
살포시 웃으며
손을 내민다

반가움
마음으로
살며시
손을 내민다

두려움이
등 뒤로
숨어 버렸다

일상

날마다 들려오는 일상이
누군가에 의해
아름다운 노래가 되고
가슴 따스한 시가 되네

날마다 살아가는 일상이
그분 앞에서
아름다운 노래가 되고
싱그럽게 익어가는
포도나무가 되면 좋겠네

전호현

기다림이라는 숭고의 시간, 그 후에 나오는 진실한 열매.

번데기는 때를 기다려 스스로 깨고 나와야만 날개 짓이 값진 것을 알게 되고, 정처 없이 날아가는 것을 두려워하지 않고, 몸서리치며 빛을 마주 할 때에 진정한 나비가 된다. 마음 속 깊은 곳까지 아련함과 간절함을 품어 혹한 겨울에도 봄을 잉태하기 위해 애써 기다려 주는 민들레 또한 얼마나 아름다운가? 하루 종일 방황하며 이리저리 변해가는 마음속에도 꿈의 꽃을 허락하신 주님이시기에 모든 것이 얼려도 그분을 향한 마음만은 얼리지 않고, 기다림의 꽃을 피우는 '메마른 가지에 새싹' 이 되고싶다.

나비의 눈물

너의 눈물은
땅에 떨어지자마자
말라 버려

다시금 촉촉하게 해 줄
그의 어깨에
그의 손길에
나비처럼 기대어

눈물로 뒤덮힐
새벽의 땅에
조용히
가만히

나비처럼 그렇게

너의 손길

후두둑
마음을 두드린다

고개 저편 기울일 때
몸서리치는 나를 두드린다

비추이는 그 손 마주할 때
새로이 맞이하며 나를 두드린다

휘이익 마음을 가져간다

시작노트 : 늘 새롭게 나에게 다가 오시는 주님을 생각하며 내가 잠시 세상을 바라볼 때도 함께 하시는 은혜가 나의 마음까지 녹아 내리게 하신다. 몸서리 칠 때도 늘 새롭게 휘감아 훔쳐 가시는 주님.

겨울 민들레

가지마라 붙잡을 수 없는
길었던 내 마음의 아련함

너를 맞이하려
민들레 한 송이 피어난다

이내 사라져 버릴
그리움 일지라도

잊을 수 없어 담고 싶은
짧았던 흐르는 간절함

마음의 소리

변해가는 마음
종을 달면

들리겠지

어느 쪽으로 갔는지
서 있으면

보이겠지

딸랑
딸랑,

이젠, 오려나

시작노트 : 아무것도 보이지도 들리지도 않는다. 수십 번 변해가는 사람의 마음. 그 마음에 종을 달아 보면 변할 때 마다 종이 울리겠지? 어느 곳으로 갔는지, 조용해지면 서있는 것일 테고 그러면 보이겠지. 멀리서 소리가 점점 커져온다. 이제 나에게 오는 소리인가?

바보라서

당신만이기에
무엇에 매여도
놓질 않아도

한이 서려
그렇게 바라만 봐도

시간이 얼어버려
몸마저 얼어버려

마음만이 얼지 않는
기다림에 꽃 피우는

당신이어야 하는
바보의 이유

시작노트 : 고백을 해보았다. 당신만이면 되겠다는 생각에. 한이 서려도 시
간마저 얼어버려서 언제까지라도 기다려도 괜찮다. 당신만 기다리는 바보
이기 때문에

5

하늘을 보다

유승아

윤수희

현재명

정유진

윤성운

서주연

유승아

나의 하루를 볼 때, 행복, 즐거움, 평온 보다는 답답함, 두려움, 불안의 단어들이 떠오른다.

나의 감정을 통제 하려하면 할수록 더 작은 틀 안에 갇힌 나를 본다. 안개 속을 헤매는 나, 아지랑이처럼 뿌리 깊숙이 정착을 못하는 나, 하나님의 믿음과 삶의 가치관이 흔들리는 나, 육체와 미성숙한 영혼의 치유를 위해 시를 쓴다.

바람

꿈틀 꿈틀
들끓어 오던 마음에
세포들이 쪼그라든다

워워
이리 달래고 저리 달래지만
쉬이 펴지지 않는 세포

당신이 어둠의 뿌리를
휙, 뽑아 날려버리면
아니될까?
아님 고요히 잠재우면
아니될까?

시작노트 : 죽을 때 까지 동반된 인간의 고뇌를 평온과 평강으로 달래보고
싶어 어딘가에서 나를 감싸고 있는 당신을 불러본다.

빈 껍데기

벗어나고 싶다
일직선에서

벗어나고 싶다
내가 아닌
나의 것에서

이젠, 쉬고싶다
후 하고 불면
안개처럼 사라질 빈 껍데기
당신 곁에서 쉬고싶다

시작노트 : 나의 정체성에 혼란이 왔다. 여기저기 쉬고 싶은 곳을 찾아 헤매지만 결국, 주님 곁이었음을 깨닫는다.

희망

한줄기 빛 속에
싸늘한 눈빛

한줄기 빛 속에
동그라진 눈

한줄기 빛 속에
반달이 된 눈

두려움

뜨거운 덩어리가
치솟는 순간
터져버린 나의 혈

시들시들
불덩어리가 두려워
작은 상자 속에
갇힌 나

시작노트 : 공포와 불안이 나의 행동범위를 점차적으로 제한하면서 점점
작은 틀에 갇혀버린 내 모습을 본다.

향수

코끝이 찡하다
장작 타는 붉은 냄새

어느 덧, 뿌연 연기 속에
엄마 얼굴 아빠 얼굴

그리운 사람들의 향기 속에
푹 잠이 든다

윤수희

지금도 잊혀지지 않는 그분과의 첫 만남. 고3 수능 전날 인격적으로 하나님을 만났다. 그동안 지었던 죄들이 머릿속에 필름처럼 지나가면서 손이 발이 되도록 빌었던 기억이 난다. 수능 잘 보게 해 달라고 기도하러 갔던 날 그분은 나를 깊이 만날 기회로 삼으셨다. 그날부터 조금은 불편한? 동행이 시작되었다. 겨울이 깊어 좌절하려하면 어디선가 봄의 소리가 들리고, 복잡한 세상에서 헤맬 때에는 눈이 부시도록 밝은 빛이 비추고 있다. 또 앞에 보이는 화려함을 추구하려하면 겸허히 떠나는 가을이 보이고, 뜨끈한 방 아랫목에서 편안히 누워 있을 때면 난방도 떼기 어려운 독거노인들이 생각난다. 어디서든 어느 때든 그분의 마음이 느껴져서 이젠 마음대로 살 수가 없다. 그분의 마음이 점점 내 마음이 되어 가고 있다.
그래서 불편하지만 행복하고, 마음 아프지만 따뜻하다.

따뜻한 나무

손에 잡힌
나뭇결이
차갑다

그 나무 위에
달렸던 이가
있었다지

나무보다
차가웠던
시선을 견디며

뜨거운 피를
흘렸던
한 사람

오늘
가슴 아프게
따뜻하다

시작노트 : 장식으로 목에 걸었던 십자가를 본다. 그런데 여전히 죄를 미워
하지 못하고 쫓아가는 나의 어리석음과 그분의 고통이 느껴진다. 아프다.

들리니?

봄이 움트는
소리가 들린다

살갗에 새겨진
겨울을 털어내며

웅크린 가지에
기지개를 펴는

봄을 알리는 소리

너에게도 들리니

시작노트 : 봄이 있었을까 싶을 정도로 겨울이 깊어도 어김없이 봄은 왔다.
어쩌면 그 깊은 겨울이 봄을 가장 열심히 준비하고 있는 시기이겠지.

그렇다 해도

눈이 부셔도
당신을 바라보렵니다

눈이 먼다 해도
다시 못 보게 된다 해도

가을의 뒷모습

가을이 간다

스스로 옷 벗는 것을
부끄러워 아니하고

겸허히 받아들이며
자리를 내준다

냉혹함도 즐기는 듯
사라짐도 기뻐하는 듯

환호하지 않아도
춤추며 떠난다

겨울 소리

"뽀드득"

사뿐히 내린 너를
지그시 밟았다

너의 비명 소리는
누구의 소리를 대변 하듯

아름다움 속에
슬픔이 어려 있듯

구슬프게
귓가를 맴돈다

시작노트 : 독거노인들의 주원료인 석유 값이 많이 올라 난방비가 제일 걱정이라는 신문 기사를 본적이 있다. 연탄으로 바꾸기도 하고 사정이 여의치 않을 땐 안 떼기도 한단다. 눈이 와서 아름답지만 추위에 떨고 있을 누군가가 떠올라 마음 한구석 아려온다.

현재명

봄
가을잎
지식
가시
가면성 우울증

봄

해마다
이때 되면 그런다
추운 겨울이
시작되었다고

젠장 할
언제는 춥지 않은
겨울이 있었던가

그래도 마냥
그대를 보면
따뜻한 봄이 아니던가

가을잎

이렇듯
당신 손을
놓지 못하는 까닭은

그 계절의
폭풍을
당신과 함께
보내서인가

새로운 시절에
당신을
다시 못 볼
두려움 때문인가

지식

얄팍한 나의

지식이

나를 살해한다

가시

나의 말에
가시가 돋힌다

이것은
내 머리에서
나오는 것인지
내 심장에서
나오는 것인지

내입을
맴돌아
그대 가슴에
박혀 버렸다

가면성 우울증

당신의 웃음
당신의 수다
나를 즐겁게 한다

그 안에
흐르는 너
나의 영혼을 만진다

정유진

내 안에 있는 많은 감정들을 밖으로 터뜨려내고 싶어 시를 쓰기 시작했다. 그런데 시를 쓸수록 점점 더 내 안으로 침잠하는 나를 본다. 내 마음 속, 그 깊은 바닥까지 다 알고 있다고 생각했는데 그 아래에 더 많은 나의 모습이 들끓고 있었다. 따뜻하고 다정하며 활기찬 나는 없는 것 같다. 쓸쓸하고 허기져 있으며 어두운 나만 만나게 된다. 그래도 나는 시를 쓰고 또 한발자국 안으로 들어간다. 내 안 깊은 곳에 그 분께서 정성스럽게 담아 두셨을 아름다움이 조용히 빛을 발하고 있음을 알기 때문이다. 지금도 흐린 빛으로 깜박이는 그 아름다움이 나를 이끌어가고 있음을 알기 때문이다.

콩 이야기

콩 하나 콩 둘 콩 셋
엄마 잘 보이는 그릇 위에
골라놓는다

다 큰 애가 콩을 안 먹니
그 눈 흘김과 가벼운 타박

스물다섯 해를 지나도
엄마는 엄마고
애기는 애기다

나는 슬며시 웃으며
괜히 콩 하나 더 골라놓는다

시작노트 : 엄마와 함께 콩밥을 먹다가 보란 듯이 콩을 골라놓았다. 그냥 먹을 수도 있지만 괜히 골라 놓았다. 나를 애기처럼 대하는 엄마의 모습이 보고 싶어서. 내겐 하나님도 이와 같으시다. 무엇이 되길 요구하거나 강요하지 않으시고 기다려 주신다. 그런 하나님이 난 참 좋다.

그 순간

특별하고 싶었다
맨 앞
맨 꼭대기
숨넘어가도록 사로잡고 싶었다

당신이 아름답다 하시는 순간
숨을 몰아 쉬었다
모두 다 사라졌다
내가 사로잡혔다

시작노트 : 나는 특별함으로 모든 사람들을 사로잡고 싶다. 하지만 하나님을 만난 순간, 내가 그 분의 아름다움에 사로잡힌다. 그리고 알게 된다. 하나님이 만드신 나는 바로 '나' 한 명, 나도 그 분 안에서 본질적으로 특별하고 아름답다는 사실을 말이다.

한 걸음

나로부터의 거리도
알지 못한 채

너에게로의 거리를
줄이려 한다

설레이고도 위험한
한 걸음

시작노트 : 누군가와의 관계를 시작한다는 것은 매우 어리석은 일처럼 여
겨진다. 나는 그 사람이 나에게로부터 얼마나 떨어져 있는지도 알지 못하
면서 거리를 줄이려고 다가간다. 상처받을지도 모르는 시도를 스스로 시작
한다. 하지만 그 첫 걸음이 설레는 것은 어쩔 수 없다.

나를 사랑하시는가 봅니다

훌쩍 뛰어 들어온다
나의 매일 그 한 가운데로

많은 것을 버렸으면서도
어려운 일도 아니라는 듯이

모든 것을 넘어왔으면서도
아무 일도 없었다는 듯이

그래

당신은 나를 사랑하는 구나

내 마음

입에 넣고 깨문다
널 바라는 마음

와삭 부서지는
널 그리는 마음

윤성운

音樂.. 가락이 노래할 때면

음(音)

자초지종

두 행악자

音樂.. 가락이 노래할 때면

악(樂)
내안에 나에게 이야기 할 때면
스쳐지나가는 많은 이야기들 속 얼굴들

너가 있어 내가 완성된다고
우리가 있어 함께가 완성된다고

내안에 있는 가락이 흥겨워 너를 부르면
너는 여전히 이야기를 건네주고
우리 이야기 깊어질 때면
아련한 추억들도 벅찬 감동으로 남아

잔잔한 호숫가에 유유히 떠있는 새끼오리에게도
행복한 꽃내음이 나는 듯하다고

내게 노래하는 너는
벗이 되어 늘 내 마음을 노래해주네

음(音)

내안에 나에게 이야기 할 때면
스쳐지나가는 많은 이야기들 속 얼굴들

기나긴 밤을 함께 노래하고
긴 추억에 잠겨 기억을 꺼내어보네

내 손이 노래하는 법을 잃었으면 하는
아픈 나날들도 토닥여주고
절망에서 일어서고 싶은 중에도
나를 보듬어 보태어가네

너가 있어 참 다행이라고
우리 있어 공들인 탑하나 쌓아본다고

아기자기 쌓아올린 탑
내안에 나에게 이야기 할 때면

그렇게 이 공기를 가득 채워
저 멀리 날갯짓하는 아기 새에게 띄워봤으면

자초지종

눈물이 나요
당신이야기

왜 그런가요
당신눈동자

외로움에 쌓인
당신의 배를
훔켜 쥔 당신의 손
당신의 갈라터진 마음

이야기해줄 수 있나요?
당신의 무건 걸음
헝클어진 어깨
외로운 발

보고 있어요
당신눈동자

닦아드려요
당신이야기

두 행악자 (1)

여기 나 서있네
서성이다 여기까지

내안의 두 행악자
선도 악이 되고 악도 선이 되고

맘 둘 수 없는 버려진 땅에
뿌리를 내리려 짐을 풀어 놓았었네

날이 선 죄의 반복만이 버려진 땅에
무뎌진 나의 총명함만이 멍청한 하늘만 바라

내안의 두 행악자
저기 달려있는 나를 안다면

조용히 고개를 떨구신 그분 앞에
살포시 기대어도 될까

두 행악자 (2)

아무런 힘도 없으신 예수
그의 갈망 앞에
저기 너머에 있는 소망을
한가득 안겨주시니

한시 흐르는 물줄기처럼
자기의 생이 마쳐감을 아는 그에게
하늘 구름 포근함이
차가워 가는 그의 몸도 따뜻이 하였을까

믿는 그가 복이 있으니
아무런 힘도 없으신 예수
저기 너머에 있는 포근함을
한가득 안겨 주셨다네

서주연

예수를 십자가에 매단 사람들, 이웃을 외면하는 사람들, 자기 욕심으로 괴물이 된 사람들. 난 여기에 있다. 한걸음이 천근만근이고, 착한 건 어느 것 하나도 쉽지가 않다. 나만 쉽지가 않다. 복잡하게 얽혀있다. 제일 비싼 옷을 사입었는데, 나만 광대 같고 몸에 붙지 않는다. 부유한 적 없으니 그럴 밖에.

세상엔 할 수 있는 것과 할 수 없는 게 있다. 나는 나를 바닥까지 바꿀 순 없지만, 나를 바닥까지 바라볼 순 있었던 것 같다. 세상에 보일 순 없지만 예수님 앞에 이대로 보일 순 있다. 할 수 있는 것만 해도 구원이 있지 않을까? 나를 가두지만 않는다면, 연결될 수만 있다면, 좋지 않아도 괜찮지 않을까? 아니, 나빠도 괜찮을 것 같다.

괜찮지 않아도 괜찮을 것 같다.

152

사랑

내 고백은 사랑한단 그 한마디인데
마음은 끝없이 흐른다

한 번의 고백에 둑이 터지고
흘러가는 내 마음이 너를 만난다

시작노트 : 마음은 먹어지는 게 아니다. 스스로 생겨나고 사라진다. 내가
할 수 있는 일은 작은 불씨일 때 밟아 끄는 것 정도. 작은 불이 내 안, 깊은
곳에 있다가 언어를 통해서 밖으로 나오면 걷잡을 수 없이 활활 올라와서
자기가 주인이 되어 버린다. 그래서 마음을 지켜야 되나? 그 씨앗이 움트는
것을 원하지 않는다면, 응원이든 구박이든 어떤 양분도 주지 말아야 한다.
그런데 삶은 하지 않으려고 태어난 것이 아니라, 하기 위해서 태어난 것인
데, 양으로의 이끌림보다 음으로의 두려움이 더 크고 힘이 쎄 보이는 건 어
디서부터 잘못된 것일까? 어떤 마음도 자라도 괜찮은데, 끝까지 달려도 떨
어지지 않는데, 어디서 그런 굳센 오해를 시작했을까?

포기

좋은 것도 버리고
바라는 것도 없이
그렇게 기꺼이 갔다더라

나는 나쁜 걸 못 버려
바라만 보고
여기에 있다